ROUTES DU SAHARA.

ITINÉRAIRES DANS L'INTÉRIEUR

DU GRAND DÉSERT D'AFRIQUE

PAR

M. JAMES RICHARDSON.

PARIS,

IMPRIMERIE DE L. MARTINET,
RUE ET HÔTEL MIGNON, N° 2.

1850.

EXTRAIT DU BULLETIN DE LA SOCIÉTÉ DE GÉOGRAPHIE.
(Cahiers de février-mars et août 1850.)

ROUTES DU SAHARA.

ITINÉRAIRES DANS L'INTÉRIEUR DU GRAND DÉSERT D'AFRIQUE,

PAR M. J. RICHARDSON (1).

Plusieurs routes conduisent à chacune des oasis ou villes de l'intérieur et du Grand Désert, routes qui ont été suivies depuis les temps les plus reculés et qui sont celles du commerce et des communications entretenues par les indigènes. Je me bornerai à décrire celles de ces routes qui sont fréquentées par les marchands du Soudan et de Tombouctou. Entre elles, je choisirai les plus parcourues, celles où l'on ne manque jamais de trouver des sources, et qui ont été depuis des siècles foulées par le pas de l'homme, et sont les plus connues.

Relativement à la sûreté d'une route, la meilleure est d'ordinaire celle qui offre de l'eau, et plus elle est directe, plus on y est exposé aux attaques des bandits, au lieu que les routes moins fréquentées et plus tortueuses, ou offrant le plus de circuits et le moins de sources, sont de beaucoup plus sûres. La sécurité

(1) Traduit de l'anglais par M. Albert-Montémont, membre de la Commission centrale. (Extrait du rapport fait au *Foreign Office*, en 1845-1846, par M. Richardson.)

d'une caravane dépend d'abord de ses conducteurs, ensuite du nombre et de la force des voyageurs qui la composent.

Les détails ci-après ont été recueillis avec soin de la bouche des marchands les plus expérimentés et les mieux informés de Ghadamès, des conducteurs de chameaux des montagnes et des Touaricks eux-mêmes ; je crois que, pour les desseins que l'on se propose, l'information est aussi exacte qu'elle puisse l'être. Il serait nécessaire de donner les noms arabes et les noms touaricks, aussi bien que ceux du Soudan, en caractères arabes, ce qui aiderait beaucoup à la distinction des noms et des lieux.

1° ROUTES DE TOMBOUCTOU.

I. *Route de Tombouctou* (1), *partant de Ghadamès et se dirigeant par le sud-ouest vers Touat.*

Parmi les différentes routes de Ghadamès à Touat, j'en choisis deux que l'on peut appeler occidentales ; mais la première, qui est la plus courte, est constamment exposée aux attaques des bandits de Warklah et de Shânbah, ce qui oblige les voyageurs à suivre de préférence celle de l'est, bien que plus longue.

(1) Ce nom, ainsi que les suivants, est écrit en arabe dans l'original ; ici, l'orthographe, assez variable de ce nom, est exprimée par le mot de *Tenbouktoû*.

I. *Route occidentale ou plus courte, de vingt et un jours.*

Première station (1). — Teenyeghen (2) : sept jours de voyage, à partir de Ghadamès; une source d'eau vive.

Deuxième station. — Elbeydh : à trois jours de Teenyeghen; une source ou wady (3), c'est-à-dire cours d'eau, et de l'eau près de la surface du sol; il y a aussi quelques dattiers.

Troisième station. — Maseghem : trois journées d'Elbeydh; une source au milieu d'un terrain rocailleux.

Quatrième station. — Zareebah : trois jours et demi de Maseghem; un ruisseau à sec en été, mais coulant en hiver (lorsqu'il pleut), parmi des broussailles et des rochers.

Cinquième station. — Arismellen : deux jours de Zareebah; une petite source.

Sixième station. — Aïn-Salah (ou Touat) : trois jours d'Arismellen. — Total : vingt et un jours.

Cette route est non seulement plus courte que celle de l'est, mais encore la plus courte de toutes. La première partie, de Ghadamès à Teenyeghen, est sablonneuse et bordée de montagnes de sable du côté du

(1) En arabe, *menzel*. A ces différentes stations, les caravanes font halte, et renouvellent leur eau.

(2) On sait qu'en anglais *ee* équivaut à *î*, *w* à *ou*. Le trait sur l'*a* et l'*i* équivaut ici à l'accent circonflexe.

(3) Le mot *wady* signifie *courant d'eau*, quelquefois *rivière*, et aussi *vallée*, parce qu'il coule ordinairement dans une vallée. Ces cours d'eau sont d'ordinaire à sec en été, et aussi en hiver, lorsqu'il ne tombe pas de pluie. Les sources ou puits sont souvent près des rivières. Le Niger n'est pas nommé rivière par les nègres, ils l'appellent *mer* ou *bahr* (mer d'eau douce).

nord-ouest. Le reste de la route est à travers un désert rocailleux, le long des flancs d'une chaîne basse de montagnes sahariennes. Aïn-Salah (littéralement bonne source) est à seize jours de Warklah (1), et ce dernier lieu est à trois jours de Tuggurt, ce qui fait dix-neuf jours de la ville frontière d'Alger, où les Français ont établi leur domination.

II. *Route orientale, ou plus longue, de vingt-cinq jours.*

Première station. — Tefoushayet, lieu appelé aussi Beer-Hamma, c'est-à-dire source chaude : à trois jours de voyage de Ghadamès; une source et un wady.

Deuxième station. — Tákwas : trois jours et demi de Tefoushayet; une source et un wady; plus un courant d'eau venant d'un sol élevé.

Troisième station. — Temāsāneen : trois jours et demi de Tákwas : c'est une petite oasis qui offre des palmiers et une eau courante. Ici est située une maison solitaire appartenant au cheykh des tentes touariques du voisinage, lequel est un marabout, réunissant le caractère civil au caractère sacerdotal, ce qui est assez fréquent dans le désert.

Quatrième station. — Teenazegh : trois jours de Temāsāneen; une source au milieu d'un terrain rocailleux.

Cinquième station. — Maseghem : comme dans l'autre route, les deux routes étant, pour ainsi dire, parallèles et se touchant presque vers le milieu du trajet, tandis

(1) J'ai encore un doute sur la question de savoir si Warklah paie un tribut à la France, ou s'il reconnaît simplement l'autorité française.

qu'à leurs extrémités elles sont assez éloignées l'une de l'autre.

Sixième station. — Zareebah : comme dans l'autre route.

Septième station. — Arismellen : comme dans l'autre route.

Huitième station. Khazee-Weled-Mesa'oud : à deux jours d'Arismellen ; une source dans les sables, des arbres, etc.

Neuvième station. — Eghusten (premier pays de Touat) : un jour et demi de Khazee-Weled-Mesa'oud. — Total : vingt-cinq jours.

Cette route est très rocailleuse, et elle abonde en eau. On peut remarquer généralement que le Grand Désert, en beaucoup d'endroits, n'est pas une contrée aussi aride et aussi sèche qu'on la dépeint généralement. Sur les cartes, nous voyons tout l'immense espace du Sahara représenté comme couvert de sable. Nous savons maintenant que la dixième partie, autant que je puis en juger par les routes de Tombouctou et du Soudan, est montagneuse et entrecoupée de chaînes de collines toutes de hauteur variée, du flanc, du pied, ou de la base desquelles jaillissent et coulent des eaux courantes, formant des étangs, des lacs et des rivières, dont l'eau est très pure, et donnant la vie et l'existence à une population de plusieurs millions d'individus : tel est le Sahara, qui est représenté d'ordinaire comme *un océan de sable*, avec le vaisseau du désert, c'est-à-dire le chameau, sillonnant d'une manière pittoresque ses vagues solitaires.

Route de Touat (d'Aghobli, partie méridionale de l'oasis), se dirigeant presque droit au sud vers Tombouctou.

Première station. — Teen-Tenai : deux jours de route depuis le district d'Aghobli; une source et un bois de broussailles au milieu d'un pays plat.

Deuxième station. — Wallen : une source et des montagnes à quelque distance des deux côtés. A peu de jours de marche de cet endroit la ghafalah ou caravane entre dans la célèbre plaine de Tanazrooft, vaste étendue de terrain plat, où l'on ne trouve ni eau, ni herbe, ni colline ou vallée, rien pour l'homme ou la bête durant huit jours, un désert sans bornes, un sol qui n'est pas pierre, mais qui est aussi dur et aussi impénétrable que la pierre, tant la boue ou la terre dont il est formé est desséchée par l'intensité de la chaleur. En cette plaine, on jouit du fameux spectacle du mirage (1) dans toutes ses splendides illusions; on croit apercevoir des troupeaux et des villes, des montagnes et des fleuves, avec toutes les couleurs variées que produisent les ardents rayons d'un soleil africain. Ici, à l'éclat de la plaine, l'œil de l'homme devient trouble; sa tête est malade de fatigue; il souffre de la soif; bientôt chaque teinte sombre du tableau, en cette incommensurable étendue, lui semble un cours d'eau rafraîchissante; mais à mesure qu'il avance cette image recule devant lui, raillant, pour ainsi dire, ses pénibles efforts, jusqu'à ce qu'enfin, la nature étant épuisée, il

---

(1) Le mirage est appelé, en arabe, *essarāb*.

succombe et s'éteigne. Là aussi les objets prennent des proportions gigantesques, qui surpassent la puissance des verres les plus grossissants. Un homme devient un chameau, et un chameau une montagne, selon la simple et hardie expression du chamelier.

Après huit mortels jours de marche dans cette plaine de Tanazrooft, la ghafalah arrive à la troisième station.

Troisième station. — Enghanān : une source près d'une petite chaîne de montagnes et un bois de broussailles mêlé d'herbages.

Quatrième station. — Mábrook : six journées d'Enghanān; deux stations, entre lesquelles se trouve une ligne ou suite de sources, avec de l'eau en abondance, ainsi que des herbages pour les chameaux. Mábrook est une petite oasis renfermant une population d'environ cent individus. Mábrook est, d'ailleurs, le lieu de destination accoutumé de la caravane, qui se partage ici, une partie des marchands se rendant à Arwan, vers l'ouest, et les autres continuant leur route vers Tombouctou. Je parlerai plus loin de la route d'Arwan, qui est une cité intéressante.

Cinquième station. — Māmoun : trois jours. C'est une petite contrée ou oasis comme Mábrook.

Sixième station. — Boujbeeah : trois jours; petite oasis, moindre encore que la précédente, avec une source unique; la contrée environnante est généralement plate.

Septième station.— Arwan : trois jours. C'est une ville arabe, contenant une population d'environ quinze cents âmes. Les maisons ont un et deux étages; elles sont bâties en pierre et en terre sèche. C'est un marché très commerçant et le principal rendez-vous des marchands arabes et maures de Maroc et de l'ouest de la Barbarie, comme de ceux de Tunis et de Tripoli. Certains marchands de Ghadamès ne vont pas plus loin, parce que Tombouctou y apporte ses produits, qu'ils échangent là contre ceux de Barbarie et d'Europe.

Huitième station. — Warezeain : trois jours, une source; au bout de deux jours, la ghafalah arrive à Tombouctou. — Total : trente-quatre jours.

Sur les cartes arabes publiées à Malte, je vois plusieurs endroits en apparence sur la même ligne de route, mais dont mes meilleurs informateurs n'ont pas pu reconnaître les noms. Comme la route ci-dessus est, des deux routes partant d'Aghobli, celle de l'occident, il est probable que ces endroits, ces stations et ces sources ou puits se trouvent sur la route orientale. Ces lieux sont :

Aïn-Beer, à environ quatre jours d'Aghobli;
Beer-Mousakoum, huit jours d'Aïn-Beer;
Hazee-Touabar, quatre jours plus loin; et
Hazee-Mousa, cinq jours plus loin :
Six jours au delà, vient Mábrook.

Cette route se distingue de celle du Soudan comme étant généralement en plaine, tandis que celle du Soudan, au moins depuis Ghat jusqu'à Aghadèz, est presque entièrement montagneuse, une chaîne de montagnes courant du nord au sud.

D'après les renseignements qui m'ont été donnés par les marchands de Tombouctou, cette ville célèbre de l'Afrique centrale occidentale est, de toutes celles de l'intérieur, la plus salubre, bien que la chaleur y soit excessive. Elle est située dans une plaine aride, en partie entourée d'arbres, en quelques endroits sablonneuse, et dont les terres voisines ne produisent guère que des melons. On la dépeint comme une ville toujours turbulente, où se livrent des combats entre les Fellans, les Touaricks et les natifs africains. Aujourd'hui, cependant, sous le gouvernement du cheykh el-Moktar, on peut supposer qu'elle jouit de quelque repos, grâce à la sage et bienveillante administration de ce célèbre marabout.

Le pays de l'or, ou le lieu d'où Tombouctou tire son or, est à deux mois de marche au sud-ouest de cette ville. Les mines ou les terrains qui le renferment sont divisés par portions et vendus au plus offrant; mais le terrain vendu est lui même comme le lot d'une loterie; car il y en a qui ne produisent rien; d'autres produisent une quantité d'or au delà de tout calcul. On dit que le pays de l'or est dans la possession des Africains indigènes. Outre l'or, on importe à Tombouctou des étoffes de coton très belles et de couleurs éclatantes, à l'usage des habitants de cette ville et des autres villes du Sahara.

2° ROUTES DU SOUDAN (1),

Se dirigeant de Ghadames en droite ligne vers Ghat.

Deux routes principales conduisent de Ghadames à Ghat.

---

(1) Aussi appelée Bahr-el-Abid, ou pays des esclaves.

I. *Route occidentale, de* 18 *jours, et la plus courte.*

Première station. — Enzarjan, à 7 journées de Ghadames, ayant une source; contrée pierreuse du Sahara.

Deuxième station. — Enjbertān, à 4 journées d'Enzarjan; une source et un torrent (Wady).

Troisième station. — Tadokhsan, 5 jours; une source et un torrent; quantité de bois nain. De ce lieu vous arrivez à Ghat en deux jours. Total : 18 jours.

II. *Route orientale de* 36 *jours.*

Première station. — Temāsāneen (1), à 2 journées de Ghadames; une source.

Deuxième station. — Temelouleen, à 4 journées de Temāsāneen; un torrent et deux dattiers.

Troisième station. — Boghād, 8 jours; une source au milieu des sables.

Quatrième station. — Tānout, 7 jours; une source.

Cinquième station. — Manaser, 8 jours; une source.

Sixième station. — Turjullee, 5 jours; une source.

Deux jours après, vous atteignez Ghat. Assurément c'est une bien longue route, étant de 36 jours; aussi les caravanes prennent toujours la plus courte, laquelle est de 18 jours, et peut, par l'accélération de la marche, être réduite à 14 et même à 12. Lorsque peu de personnes voyagent ensemble, elles vont ordinairement

---

(1) En anglais, *ee* équivaut à *i* et *w* à *ou*.

beaucoup plus vite que les grandes caravanes. Cette route est une des plus sûres qui partent ou sont dans les environs de Ghadames. Elle a été suivie il y a peu de temps par un marchand de Ghadames avec un simple domestique; un Tibou de Bornou, il y a environ trois semaines, est aussi allé seul de Ghadames à Ghat; la plupart des gens du peuple considéraient cette conduite de l'Africain ou du nègre comme beaucoup trop périlleuse et coûteuse, ou plutôt comme celle d'un fou; tandis que d'autres, moins charitablement, insinuaient que cet homme devait avoir été un bandit, et que par conséquent il n'avait pas de compagnon : étrange argument, comme s'il n'eût pas pu rencontrer, à coup sûr, un autre homme inférieur à lui-même! Le Tibou amenait des esclaves et apportait des dents d'éléphant, et c'était un marchand régulier du Bornou. Ce qui était digne de remarque, c'est que ce marchand n'avait jamais suivi cette route. Vingt journées de voyage dans le désert, sans un seul compagnon autre que le chameau sur lequel on s'avance, suffisent bien pour ébranler le courage du plus hardi explorateur du Sahara; après cette preuve extraordinaire de sagacité et de résolution, je professerai toujours un grand respect pour la nation des Tibous, sinon pour toute la race noire. Il n'y a rien de bien intéressant dans cette route saharienne, qui est presque entièrement rocailleuse. Près de Ghat, est la célèbre montagne noire, appelée Wareerat (1), c'est-à-dire aussi noire que possible. L'eau de Ghat est extrêmement douce et bonne,

---

(1) **Prononcez** *ouarirate.*

mais les dattiers ne réussissent guère et leurs fruits sont d'une qualité inférieure.

Je saisirai l'occasion de noter, comme une chose digne de remarque, qu'on trouve des charbons épars, pendant dix jours de marche, entre Ghat et Touat. Avec un peu d'huile, ils prennent feu aussitôt. On les dit très noirs et très abondants; mais je crains qu'ils ne puissent compenser les frais de transport jusqu'à Tripoli. Une charge de chameau de 2 cantars (1) coûterait de 6 à 8 dollars de port.

Route de Ghat à Kanou, en droite ligne au sud.

Première station. — Berkat, à une heure et demie de Ghat et considéré comme annexe de cette ville; c'est une petite oasis.

Deuxième station. — Essaiyen, à une journée de Berkat; torrent et bois nain.

Troisième station. — Thanelkemt, à une heure et demie d'Essaiyen; torrent et broussailles.

Quatrième station. — Aghaghan, une journée; petites citernes entretenues, en temps de pluie, par l'eau coulant des montagnes.

Cinquième station. — Errookee (prononcez *errouki*), 2 jours et demi; un torrent et un taillis.

Sixième station. — Tamishwat, 2 jours; eau dans de petites citernes, quand il pleut, l'eau descendant des montagnes.

(1) Le cantar, poids de 100 rotl, équivaut à environ 51 kilogrammes à Tripoli.

Septième station. — Falezlez (1), 3 jours; rivière dans les sables, et un peu d'herbe.

Huitième station. — Tadomat, 4 jours; rivière considérable, lorsqu'il a plu abondamment.

Neuvième station. — Aseeou, 7 jours, à travers un aride pays plat, presque analogue aux plaines de Tanazrooft, sur la route de Tombouctou. Dans l'Aseeou, se trouvent plusieurs sources abondantes et quatre bouquets de bois taillis.

Dixième station. — Taghājeet, 3 jours; chaînes de montagnes, grande rivière et abondance de pluie en hiver, provenant sans doute de l'attraction qu'elles exercent sur les nuages, et quantité de toutes sortes d'arbres.

Onzième station. — Takedwainōragh, 2 jours et demi; manque d'eau, mais quelques arbres nains. Ici est une montagne noire isolée.

Douzième station. — Tidik, premier pays du district d'Aheer, une journée. Ici, quelques habitants, des herbes et des arbres en abondance, ainsi que des troupeaux de moutons. Une grande rivière coule au pied de plusieurs groupes de montagnes, et sur les rives de laquelle on cultive le séné. Le district d'Aheer est souvent appelé *asbenouwa*.

Treizième station. — Seeloofeeat (prononcez *siloufiate*), une journée; une assez grande oasis, quelques habitants et maisons de roseaux ou de gazon et de plantes. Les Maures nomment ces maisons *hhasheesh*

---

(1) Il y a une autre route de Falezlez à Aseeou, par Tajetterat. Là est une rivière considérable, avec de hautes montagnes. C'est à moitié chemin entre Ghat et Aheer. — Tajetterat est à 7 journées d'Aseeou, et la route est à travers la même plaine.

(*hachich*) ou herbages. Quelques jardins et une rivière. L'oasis ou plutôt la contrée est assise entre les montagnes.

Quatorzième station. — Tintaghōda, une heure; district semblable à Seeloofeeat, mais habitations construites en pierre et mortier. Ici se trouve un fameux marabout, ou *zouweea* (zaouiéh), c'est-à-dire sanctuaire. On représente le peuple comme très moral et non voleur. (Le vol est le péché d'habitude des Arabes et des Touariks.)

Quinzième station. — Asouthy ou Aheer (1), 2 jours; siége d'une très ancienne ville, et autrefois capitale des districts d'Aheer, mais aujourd'hui considérablement réduite et négligée. Il y a près de mille maisons abandonnées. Jadis tout le commerce du Soudan aboutissait à ce lieu même. On l'appelle toujours *Blad-es-Sultan*, ville ou pays du sultan, c'est-à-dire une ville où le sultan fait d'ordinaire sa résidence. Il n'y a pas ici d'autre eau qu'une source immense, près de laquelle sont de grands arbres. La plupart des maisons sont en chaume ou roseaux, mais plusieurs sont en pierre.

Seizième station. — Bagzem (2), 3 journées. Le pays

---

(1) Belma, à quelques journées à l'est des districts d'Aheer, approvisionne de sel toutes les contrées populeuses du Soudan. Dix mille chameaux chargés de cette denrée indispensable entretiennent ce commerce. Les marchands de Ghadames profitent souvent de la marche de cette caravane du sel sur la route du Soudan pour voyager sous sa protection. Il n'y a point de sel dans le Soudan; il y arrive exclusivement de Belma.

(2) Après Bagzem, il y a une autre route par Ghaljeewan, à 3 journées de Bagzem. Abondance d'eau, étangs fangeux; contrée monta-

offre une montagne très élevée, dont l'ascension exige une journée, et dont la cime est toujours enveloppée de nuages. La ville repose en bonne partie vers les pentes les plus hautes. Une grande portion des sommités sont cultivées, et il y a abondance d'arbres, de céréales et de fruits.

Dix-septième station. — Aghadez, 3 journées. Cette ville est la capitale des possessions touarikes du sud-est du Sahara et la résidence habituelle du sultan. Elle est aujourd'hui aussi grande que Tripoli, mais elle était jadis quatre fois aussi étendue et aussi populeuse. La plupart de ses habitants ont émigré vers les contrées des nègres qui l'avoisinent, où la nature est plus prodigue de ses richesses. Les maisons d'Aghadez n'ont qu'un étage; elles sont bâties en pierre, chaux et terre. Le pays offre une chaîne de montagnes, et ici se terminent les contrées montagneuses de la route du Soudan. A la base de cette chaîne serpente une rivière considérable, dont les rives fournissent un pâturage et de l'orge pour le bétail, bœufs, moutons, chevaux et chameaux. Le pays abonde en toutes sortes de provisions; il y croît de grandes espèces de palmiers, qui ne portent point de dattes, et que les Maures appellent palmiers de Pharaon (1). Il y a aussi de nombreux jardins.

Dix-huitième station. — Toktoufat, 4 journées; un vaste jardin avec une grande source au milieu, mais point d'habitants. Le pays est tout plat, et présente çà

---

gneuse, nommée Bab-El-Aheer, porte d'Aheer. La caravane arrive de Ghaljeewan, vers Toktoufat, en 4 jours.

(1) Pharaon est très impopulaire parmi les Maures. Toute chose monstrueuse est imputée par les Maures à son influence malfaisante.

et là quelques petits arbres. Cet endroit appartient aux Touariks d'Aheer; et ici finit leur autorité, qui commence à Tiddick (ou Tidik).

Dix-neuvième station. — Faragh, 2 jours; une immense forêt servant seulement de lieu de chasse; pas d'habitants; deux sources. C'est le premier pays du Soudan; il appartient aux nègres et aux étrangers naturalisés du Damerghou.

Vingtième station. — Kob-Kob, 2 jours; une rivière et une forêt, mais pas d'habitants. Kob-Kob, et plusieurs autres endroits qu'on trouve sur la route, peuvent difficilement être considérés comme des stations; mais ici la caravane s'arrête pour se mettre sur ses gardes ou quelquefois s'approvisionner d'eau.

Vingt et unième station. — Damerghoū, une journée; pays comprenant une centaine de petits districts. La résidence du sultan est en un lieu appelé Walalaywa, à trois heures de la frontière. Dans plusieurs districts, les chefs de diverses nations, fellāns, nègres et Touarghis, exercent l'autorité. Les provisions de toute nature sont ici à très bon marché; une aiguille paiera une volaille.

Vingt-deuxième station. — Doōtschee-Enbara, à 5 heures de Walalaywa; petite ville. Il s'y trouve plusieurs païens, qui, selon les Maures, répètent bien la profession de foi, qu'il n'y a qu'un seul Dieu et que Mahomet est son prophète, mais ne prient ni ne jeûnent comme les musulmans. Toutefois le sultan est musulman.

Vingt-troisième station. — Bābāee, 2 journées; tous

---

(1) Lieu appelé aussi Kasha.

les habitants sont noirs et païens. C'est une petite ville d'environ 2000 âmes.

Vingt-quatrième station. — Tesāouwā, 5 heures. Vaste contrée, et résidence du sultan. Les maisons dans tous ces districts sont presque toutes en herbages; il n'y en a qu'un petit nombre en pierre. La population se compose exclusivement de païens et de nègres. Ce lieu est sous l'autorité d'un puissant prince de païens, du pays de Marădee, vers l'E.

Vingt-cinquième station. — Ghazāwa, 5 heures; petite ville et petit sultan; habitants tous païens.

Vingt-sixième station. — Sāmeeā-Eṅkorā, un jour et demi; immense forêt et quelques grands arbres; pays désert et inhabité, mais abondance d'eau; beaucoup de bêtes sauvages.

Vingt-septième station. — Kāshnah (1), un jour et demi. Résidence d'un puissant prince, et autrefois la capitale du Soudan et des pays maintenant gouvernés par le sultan de Sakkatou, de qui dépend aujourd'hui Kāshnah. Ici, la nation des Fellāns a la souveraine autorité. Aly, le sultan, réside à Sakkatou, et tous les Fellāns du Soudan, y compris Kanou, lui sont soumis. La ville a trois fois l'étendue de Tripoli, et la religion de l'État est l'islamisme.

Vingt-huitième station. — Sābonghare, un jour. C'est une petite ville, dont les habitants sont fellāns et musulmans.

Vingt-neuvième station. — Kasāda, un jour et demi. Petite ville; même population qu'à Sābonghare.

Trentième station. — Betschee, 2 jours. Ville considérable, où peu de païens résident.

Trente et unième station. — Kanou, un jour. Destination finale de la caravane de Ghadames ou plutôt du Soudan, car divers marchands de Tripoli et du Fezzan se joignent à cette caravane. Kanou est une grande ville quatre fois plus considérable que Tunis, et renfermant une population de 3 à 400 000 âmes (1). Elle est distribuée sur deux collines, et a seize portes : elle en avait jadis vingt-quatre. Les maisons sont bâties en paille, en pierre et en terre. A travers cette ville coule une rivière appelée Jakarra, le long de laquelle est le Souk ou la place du marché. Il y a grande abondance de provisions, d'arbres et de fruits. Les palmiers portent des dattes deux fois l'année. La religion nationale est mahométane, et, ainsi que je l'ai dit, le sultan de Kanou reconnaît comme son maître le sultan de Sakkatou ; tous deux sont de fortunés et hardis souverains de la race des fellāns. Aujourd'hui la paix règne dans les provinces du Soudan, et les peuples y sont dans une situation prospère, sinon heureux. On se procure les esclaves par de secrètes expéditions entreprises par de simples individus, lesquels fournissent ainsi cet article *nécessaire* de chair humaine aux marchands de Ghadames et de Tripoli. On pourchasse notamment les nègres païens. Les souverains des diverses provinces, qui ont une part du gain résultant de ce trafic honteux, sont naturellement de connivence avec ceux qui le font. Mais si les peuples du Soudan pouvaient se procurer les marchandises européennes par un commerce licite, ils renonceraient bien vite à ces expéditions barbares, qui dégradent à la fois les princes et leurs sujets.

(1) *Three to four hundred thousand souls.*

Cette route du Soudan, qui possède une si grande variété de sujets intéressants, surtout les villes et les districts d'Aheer, ainsi que sa région montagneuse, n'a encore été suivie ni tentée par aucun Européen. Il reste à savoir quelle réception les Touaricks de cette région du Sahara feront à un Européen et à un chrétien, et s'ils montreront envers lui des sentiments moins hostiles que les Touaricks de Tombouctou. A en juger par les informations que j'ai recueillies des marchands de Ghadames, il y a lieu de croire qu'ils seront moins cruels et plus hospitaliers.

Parmi d'autres routes du Sahara, j'indiquerai encore celles de Bornou, de Fez et de la caravane annuelle des pèlerins de la Mecque. Je terminerai par celle de Ghat à Touat, à travers le milieu du Grand Désert.

Route de Bornou, partant de Ghadames, et se dirigeant S. E. vers le Fezzān, route de 14 jours, et de 19 pour atteindre la capitale Mourzouk.

Première station. — Englāsa, 2 jours de route de Ghadames; une source et un torrent; de l'eau en abondance; quelques dattiers.

Deuxième station. — Ethel, 2 jours. Ni eau ni végétation. C'est à peine une station.

Troisième station. — Eloufānah, 6 jours; sables, et une source au milieu.

Quatrième station. — Tezān, 2 heures d'Eloufānah; eau et palmiers; sol sablonneux.

Cinquième station. — Ezzēe, une petite journée; une source, un torrent; sol sablonneux et dattiers.

Sixième station. — Edree, premier pays du Fezzan, 3 jours. En tout : 14 jours.

Cette route est la plus courte de Ghadames; il reste à faire, pourtant, cinq jours encore de chemin pour gagner Mourzouk.

De Mourzouk, dans une direction S. E., la ghafalah s'avance vers Bornou. Mais cette route est bien connue en Europe. Les marchands de Ghadames comptent la distance comme il suit : de Ghadames à Mourzouk, 20 jours; de Mourzouk au premier pays du Bornou, 15 jours; de Mourzouk à la capitale du Bornou, 30 jours (1).

On compte deux mois pour la route entière; mais je ne sache point qu'un seul marchand aille maintenant à Bornou. La dernière caravane venant de Bornou passa par Ghat, et évita le Fezzan.

Route de Fez.

La route de Ghadames va d'abord dans une direction S. O. à l'oasis de Touat, puis N. O. à Fez. Voici les distances :

De Ghadames à Ain-Salah.	20 jours.
D'Ain-Salah à Timme. . .	7
De Timme à Tafilelt. . . .	12
De Tafilelt à Fez (ou Fas) .	20
Total.	59 ou 60 jours.

(1) Mais ceci n'est que la moitié de la distance usuelle.

Cette route est très fatigante et non moins dangereuse ; car entre Timme et Tafilelt il y a un torrent, appelé Wad-es-Soura, près duquel se tiennent des bandits qui dévalisent les voyageurs et font quelquefois plus. Il n'y a qu'une grande caravane qui puisse passer là en toute sécurité. De toute la partie ouest des États barbaresques, les pays soumis à Mouley-Abderrahmān sont ceux où les brigands sont les plus nombreux et le plus sanguinaires. De Touat à Fez, y compris la grande oasis de Touat, toute cette route, avec ses différentes tribus, reconnaît la souveraineté de l'empereur de Maroc, mais son autorité ne se fait qu'à peine sentir, si loin de lui et dans des régions si barbares.

Route de la caravane annuelle des pèlerins.

La caravane annuelle des pèlerins de la Mecque part du Maroc au printemps ; Fez est le lieu de rendez-vous. De Fez elle gagne Tafilelt, puis Touat, Ghadames, Ghat et le Fezzan, en ramassant ou recrutant des pèlerins tout le long de la route ; et finalement elle s'avance à travers le désert de Barca, en passant par Augelah et Siwah, pour arriver à Alexandrie. Elle accomplit le voyage et retour en un an.

Route de Ghat à Touat, de l'E. à l'O., à travers l'intérieur du Grand Désert du Sahara, en 30 ou en 40 jours de voyage, selon la marche de la caravane.

Cette route, que nul Européen ou chrétien n'a encore jusqu'ici jamais suivie, se dirige en ligne droite de l'E. à l'O., à travers le milieu ou centre du Sahara, et peut se franchir en 30 jours par une caravane accélérée ou en 40 jours au pas ordinaire. Un assez bon trafic a lieu tout le long de cette route, qui sert maintenant non seulement à entretenir un commerce considérable entre les régions de l'est et de l'ouest du Sahara, mais est devenue la voie par laquelle on transporte à Tombouctou de grandes quantités de marchandises de coton, les routes le long des rives du Niger étant peu sûres, sinon impraticables. Néanmoins il faut reconnaître que cette voie de communication ne laisse pas non plus d'être infestée de voleurs, outre qu'elle est, en ce moment, le théâtre d'une guerre acharnée entre les Touaricks et les Arabes Sanbah. Aucun Européen ne pourrait, sans contredit, voyager en sûreté sur cette route, à moins d'être protégé et accompagné par le puissant sheikh des Touarghis.

Voici les différentes stations de cette route. Je mentionnerai quelques traits géologiques à la fin de l'énumération des stations.

Première station. — Feywat, à un jour de marche de Ghat, directement vers l'ouest. C'est une petite oasis avec des sources nombreuses. Le sol est pierreux et en partie sablonneux. Dans les 12 jours de marche qui viennent ensuite, cette route de Ghat à l'oasis de Touat n'offre que rochers, groupes et chaînes de montagnes plus ou moins élevées, dont la base a des sources en grande quantité, qui forment des ruisseaux perpétuels dans le cœur de ce vaste et rocailleux désert. Feywat compte un certain nombre de familles touarghies.

Deuxième station. — Eidou, 2 jours et demi. Les Arabes indiquent souvent la distance d'une station à l'autre par cette phrase : deux (ou trois) jours, et on arrive le troisième (ou quatrième), c'est-à-dire deux jours et demi. Eidou a un ruisseau en été et en hiver; contrée pierreuse et hautes montagnes; abondance d'herbes et de buissons pour les chameaux.

Troisième station. — Aghākaneera, 2 jours; ruisseau toute l'année au pied d'une chaîne de montagnes; population très dense de Touaricks.

Quatrième station. — Yasjaneewan, 2 jours; un ruisseau toute l'année; une grande quantité d'herbages, mais point d'arbres; pays totalement inhabité; troupeaux nombreux de chameaux paissant.

Cinquième station. — Zarzouwah, un jour; ruisseaux courants. Sol analogue à celui de la précédente station.

Sixième station. — Tarseet, 2 jours; beaucoup de sources, et toujours quelques Touariks venant y chercher de l'eau pour leurs troupeaux; hautes montagnes.

Septième station. — Afarah, un jour et demi; sources, troupeaux et chameaux; population touarghie sous des tentes et dans des maisons en herbages.

Huitième station. — Halagham, 3 jours et demi; sables et eau sous la surface, mais saumâtre. Il arrive fréquemment dans le Désert que l'eau sous le sable est salée. Ce lieu est le rendez-vous de nombreuses troupes de bandits touaricks, de Touat et de Tombouctou, dont le prince nominal est le célèbre géant Bassa.

Neuvième station. — Teegharat, 4 jours; une rivière coulant toute l'année. Le district est très peuplé de

Touariks, et offre de nombreux troupeaux, des herbes et des chameaux, ainsi que de beaux arbres.

Dixième station. — Intafousain, un jour; une source, dans une vallée, quelquefois visitée par les bergers touarghis. Ce lieu présente un grand nombre d'anciens tombeaux, qui font supposer qu'il y existait autrefois une nombreuse population. Le Désert a donc ses antiquités, aussi bien que la ville civilisée; mais, dans le Sahara, ce sont presque toujours des tombeaux et des cavernes.

Onzième station. — Amgheeda, 3 jours; une source abondante et intarissable. Beaucoup de Touariks résident ici, mais néanmoins le lieu est très fréquenté par les bandits touarghis et shanbah. Montagnes de sables en vastes groupes à l'O., large et profonde vallée à l'est, désert d'où jaillit une belle source; herbages en abondance.

Douzième station. — Amheegh, 2 jours; une source; rideaux de montagnes et quelques Touaricks.

Treizième station. — Ghārees, 2 jours; une source au pied de hautes montagnes, dans une large vallée qui abonde en herbages et en buissons.

Quatorzième station. — Touwankaney, un jour; plusieurs sources dans la vallée; troupeaux et quantité de chameaux qui paissent.

Quinzième station. — Amsarah, 2 jours et demi; une source au milieu des sables.

Seizième station. — Abadāghah, 2 jours et demi; magnifique source, outre deux autres plus petites; trois ou quatre palmiers, et abondance d'herbes et de buissons épais. Dans le voisinage, il y a des montagnes couvertes de palmiers et de ceps de vigne.

Dix-septième station. — Touwanghakeen; beaucoup de sources, bois de palmiers, herbages en abondance, mais pas d'habitants. Ce lieu est la première oasis de Touat, qui consiste en une agglomération presque innombrable de petites oasis, répandues dans le désert comme beaucoup d'îlots de l'Océan Pacifique; en outre, deux ou trois villes considérables.

Dix-huitième station. — Ghābah, 2 jours et demi; beaucoup de sources et d'herbes au milieu d'une grande plaine. Ici et à la précédente station, les montagnes disparaissent.

Dix-neuvième station. — Aīn-Salah, un jour; ville et principal district de Touat, consistant en petits villages et maisons éparses, construites en briques de terre séchée au soleil, et dépassant rarement un étage. Le sol est sablonneux et le pays plat. Ici jaillissent d'innombrables sources et se dressent des forêts de palmiers-dattiers; il y a toutes sortes de céréales, des troupeaux de moutons et de chèvres, des chevaux et des chameaux, mais pas de bœufs.

Les habitants sont précisément du même caractère que dans l'oasis de Ghat, c'est-à-dire des Maures ou une race métisse d'Arabes, de Touariks et de nègres; le costume est le même; les hommes se couvrent le front et toute la partie inférieure du visage avec un turban de coton noir, comme les Touariks. Ceci doit être mentionné, comme un trait caractéristique des Maures de Ghat.

Le caractère géologique de toute la route réfute complétement cette erreur vulgaire que « le Grand Désert est un océan de sable, car nous trouvons ici des groupes de rochers couvrant presque la totalité du sol, et des chaînes de montagnes qui longent la route dans toutes les directions; dans un endroit seulement, il y a une rangée de montagnes de sable. L'eau est très abondante et généralement bonne; les puits sont peu éloignés l'un de l'autre, la plus grande distance n'excède pas quatre petites journées. Certainement un Touarik, monté sur son léger dromadaire, traverserait cet espace en moins de deux jours. Il y a aussi de fréquentes pluies sur cette route, dues probablement à la hauteur et à la nature des montagnes, qui attirent les nuages et les condensent.

www.ingramcontent.com/pod-product-compliance
Lightning Source LLC
Chambersburg PA
CBHW060636050426
42451CB00012B/2623